MW00950858

January 2019

S	M	T	W	T	F	S
		1	2	3	4	5
6	7	8	9	10	11	12
13	14	15	16	17	18	19
20	21	22	23	24	25	26
27	28	29	30	31		

February 2019

S	M	T	W	T	F	S
					1	2
3	4	5	6	7	8	9
10	11	12	13	14	15	16
17	18	19	20	21	22	23
24	25	26	27	28		

March 2019

S	M	T	W	T	F	S
					1	2
3	4	5	6	7	8	9
10	11	12	13	14	15	16
17	18	19	20	21	22	23
24	25	26	27	28	29	30
31						

April 2019

S	M	T	W	T	F	S
	1	2	3	4	5	6
7	8	9	10	11	12	13
14	15	16	17	18	19	20
21	22	23	24	25	26	27
28	29	30				

May 2019

S	M	T	W	T	F	S
			1	2	3	4
5	6	7	8	9	10	11
12	13	14	15	16	17	18
19	20	21	22	23	24	25
26	27	28	29	30	31	

June 2019

S	M	T	W	T	F	S
						1
2	3	4	5	6	7	8
9	10	11	12	13	14	15
16	17	18	19	20	21	22
23	24	25	26	27	28	29
30						

July 2019

S	M	T	W	T	F	S
	1	2	3	4	5	6
7	8	9	10	11	12	13
14	15	16	17	18	19	20
21	22	23	24	25	26	27
28	29	30	31			

August 2019

S	M	T	W	T	F	S
				1	2	3
4	5	6	7	8	9	10
11	12	13	14	15	16	17
18	19	20	21	22	23	24
25	26	27	28	29	30	31

September 2019

S	M	T	W	T	F	S
1	2	3	4	5	6	
8	9	10	11	12	13	
15	16	17	18	19	20	
22	23	24	25	26	27	
29	30					

October 2019

S	M	T	W	T	F	S
		1	2	3	4	5
6	7	8	9	10	11	12
13	14	15	16	17	18	19
20	21	22	23	24	25	26
27	28	29	30	31		

November 2019

S	M	T	W	T	F	S
					1	2
3	4	5	6	7	8	9
10	11	12	13	14	15	16
17	18	19	20	21	22	23
24	25	26	27	28	29	30

December 2019

S	M	T	W	T	F
1	2	3	4	5	6
8	9	10	11	12	13
15	16	17	18	19	20
22	23	24	25	26	27
29	30	31			

January 2020

S	M	T	W	T	F	S
			1	2	3	4
5	6	7	8	9	10	11
12	13	14	15	16	17	18
19	20	21	22	23	24	25
26	27	28	29	30	31	

February 2020

S	M	T	W	T	F	S
						1
2	3	4	5	6	7	8
9	10	11	12	13	14	15
16	17	18	19	20	21	22
23	24	25	26	27	28	29

March 2020

S	M	T	W	T	F	S
1	2	3	4	5	6	7
8	9	10	11	12	13	14
15	16	17	18	19	20	21
22	23	24	25	26	27	28
29	30	31				

April 2020

S	M	T	W	T	F	S
			1	2	3	4
5	6	7	8	9	10	11
12	13	14	15	16	17	18
19	20	21	22	23	24	25
26	27	28	29	30		

May 2020

S	M	T	W	T	F	S
					1	2
3	4	5	6	7	8	9
10	11	12	13	14	15	16
17	18	19	20	21	22	23
24	25	26	27	28	29	30
31						

June 2020

S	M	T	W	T	F	S
	1	2	3	4	5	6
7	8	9	10	11	12	13
14	15	16	17	18	19	20
21	22	23	24	25	26	27
28	29	30				

July 2020

S	M	T	W	T	F	S
			1	2	3	4
5	6	7	8	9	10	11
12	13	14	15	16	17	18
19	20	21	22	23	24	25
26	27	28	29	30	31	

August 2020

S	M	T	W	T	F	S
						1
2	3	4	5	6	7	8
9	10	11	12	13	14	15
16	17	18	19	20	21	22
23	24	25	26	27	28	29
30	31					

September 2020

S	M	T	W	T	F	S
		1	2	3	4	[illegible]
6	7	8	9	10	11	12
13	14	15	16	17	18	19
20	21	22	23	24	25	26
27	28	29	30			

October 2020

S	M	T	W	T	F	S
				1	2	3
4	5	6	7	8	9	10
11	12	13	14	15	16	17
18	19	20	21	22	23	24
25	26	27	28	29	30	31

November 2020

S	M	T	W	T	F	S
1	2	3	4	5	6	7
8	9	10	11	12	13	14
15	16	17	18	19	20	21
22	23	24	25	26	27	28
29	30					

December 2020

S	M	T	W	T	F
		1	2	3	4
6	7	8	9	10	11
13	14	15	16	17	18
20	21	22	23	24	25
27	28	29	30	31	

January 2021

S	M	T	W	T	F	S
					1	2
3	4	5	6	7	8	9
10	11	12	13	14	15	16
17	18	19	20	21	22	23
24	25	26	27	28	29	30
31						

February 2021

S	M	T	W	T	F	S
	1	2	3	4	5	6
7	8	9	10	11	12	13
14	15	16	17	18	19	20
21	22	23	24	25	26	27
28						

March 2021

S	M	T	W	T	F	S
	1	2	3	4	5	6
7	8	9	10	11	12	13
14	15	16	17	18	19	20
21	22	23	24	25	26	27
28	29	30	31			

April 2021

S	M	T	W	T	F	S
				1	2	3
4	5	6	7	8	9	10
11	12	13	14	15	16	17
18	19	20	21	22	23	24
25	26	27	28	29	30	

May 2021

S	M	T	W	T	F	S
						1
2	3	4	5	6	7	8
9	10	11	12	13	14	15
16	17	18	19	20	21	22
23	24	25	26	27	28	29
30	31					

June 2021

S	M	T	W	T	F	S
		1	2	3	4	5
6	7	8	9	10	11	1
13	14	15	16	17	18	1
20	21	22	23	24	25	2
27	28	29	30			

July 2021

S	M	T	W	T	F	S
				1	2	3
4	5	6	7	8	9	10
11	12	13	14	15	16	17
18	19	20	21	22	23	24
25	26	27	28	29	30	31

August 2021

S	M	T	W	T	F	S
1	2	3	4	5	6	7
8	9	10	11	12	13	14
15	16	17	18	19	20	21
22	23	24	25	26	27	28
29	30	31				

September 2021

S	M	T	W	T	F	S
			1	2	3	
5	6	7	8	9	10	
12	13	14	15	16	17	
19	20	21	22	23	24	2
26	27	28	29	30		

October 2021

S	M	T	W	T	F	S
					1	2
3	4	5	6	7	8	9
10	11	12	13	14	15	16
17	18	19	20	21	22	23
24	25	26	27	28	29	30
31						

November 2021

S	M	T	W	T	F	S
	1	2	3	4	5	6
7	8	9	10	11	12	13
14	15	16	17	18	19	20
21	22	23	24	25	26	27
28	29	30				

December 202

S	M	T	W	T	F
			1	2	3
5	6	7	8	9	10
12	13	14	15	16	17
19	20	21	22	23	24
26	27	28	29	30	31

January 2022

S	M	T	W	T	F	S
						1
2	3	4	5	6	7	8
9	10	11	12	13	14	15
16	17	18	19	20	21	22
23	24	25	26	27	28	29
30	31					

February 2022

S	M	T	W	T	F	S
		1	2	3	4	5
6	7	8	9	10	11	12
13	14	15	16	17	18	19
20	21	22	23	24	25	26
27	28					

March 2022

S	M	T	W	T	F	S
		1	2	3	4	5
6	7	8	9	10	11	12
13	14	15	16	17	18	19
20	21	22	23	24	25	26
27	28	29	30	31		

April 2022

S	M	T	W	T	F	S
					1	2
3	4	5	6	7	8	9
10	11	12	13	14	15	16
17	18	19	20	21	22	23
24	25	26	27	28	29	30

May 2022

S	M	T	W	T	F	S
1	2	3	4	5	6	7
8	9	10	11	12	13	14
15	16	17	18	19	20	21
22	23	24	25	26	27	28
29	30	31				

June 2022

S	M	T	W	T	F	S
			1	2	3	4
5	6	7	8	9	10	1
12	13	14	15	16	17	1
19	20	21	22	23	24	2
26	27	28	29	30		

July 2022

S	M	T	W	T	F	S
					1	2
3	4	5	6	7	8	9
10	11	12	13	14	15	16
17	18	19	20	21	22	23
24	25	26	27	28	29	30
31						

August 2022

S	M	T	W	T	F	S
	1	2	3	4	5	6
7	8	9	10	11	12	13
14	15	16	17	18	19	20
21	22	23	24	25	26	27
28	29	30	31			

September 2022

S	M	T	W	T	F	S
				1	2	
4	5	6	7	8	9	1
11	12	13	14	15	16	1
18	19	20	21	22	23	2
25	26	27	28	29	30	

October 2022

S	M	T	W	T	F	S
						1
2	3	4	5	6	7	8
9	10	11	12	13	14	15
16	17	18	19	20	21	22
23	24	25	26	27	28	29
30	31					

November 2022

S	M	T	W	T	F	S
		1	2	3	4	5
6	7	8	9	10	11	12
13	14	15	16	17	18	19
20	21	22	23	24	25	26
27	28	29	30			

December 2022

S	M	T	W	T	F	
				1	2	
4	5	6	7	8	9	
11	12	13	14	15	16	
18	19	20	21	22	23	
25	26	27	28	29	30	

<u>完美的銷售溝通，是理性與感性交錯的藝術！</u>

如果你銷售溝通只懂得分析數據跟講道理，那你不會
讓聽方對方心裡有感覺。

如果你銷售溝通只懂得訴諸情感跟拉關係，那你無法
讓聽話對方的大腦防衛意識接受。

古人說：動之以情，訴之以理！這件事永遠不會隨時
代改變而改變。

所以學習自然的將理性跟感性同時交互運用在你的事
業溝通上，那你成交率大大提升是必然的結果！

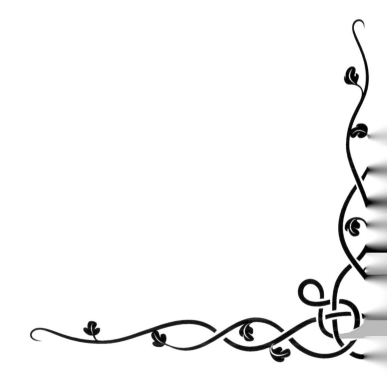

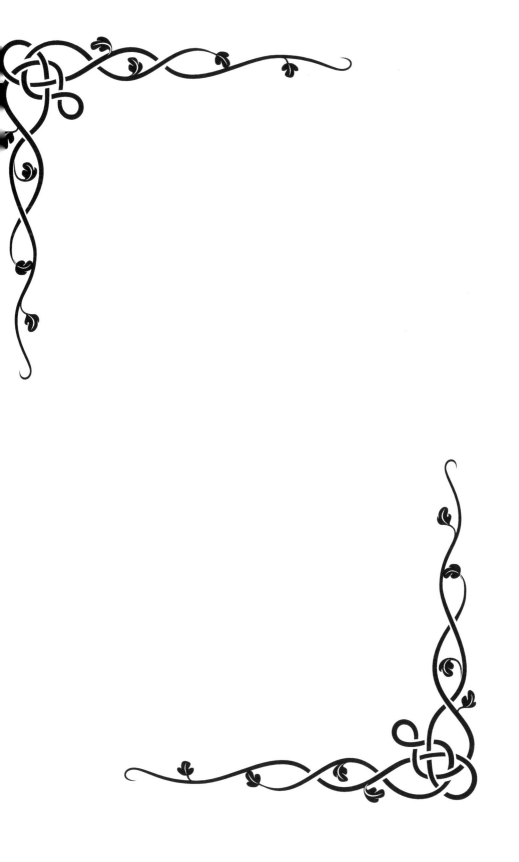

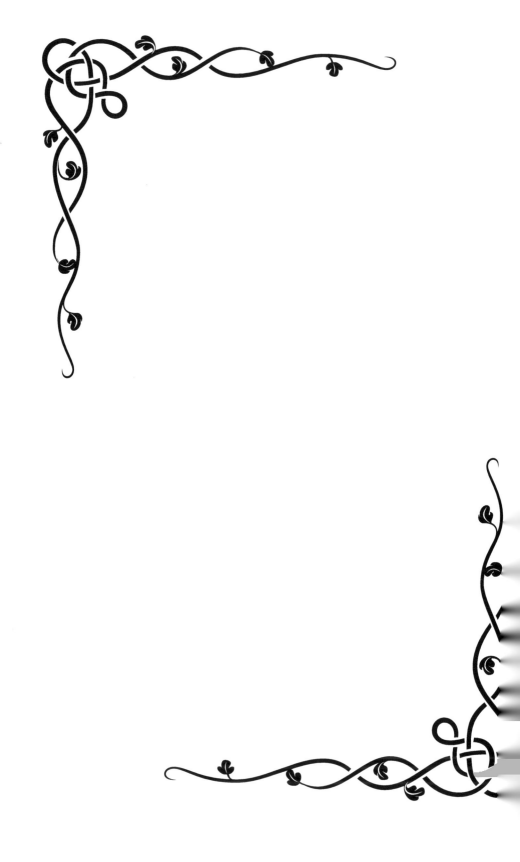

如果聽眾顧客沒有給你要的反應怎麼辦？

常有學員會問我：『如果在演講當中，聽眾沒有給予他要的回應或動作怎麼辦？』

答案是：不管是行銷演講或一對一銷售，如果聽眾或顧客沒有給你你要的反應，那絕對不是聽眾的問題。而是講師或銷售者的問題！

所以當你第一次聽眾沒給你你要的回應時，你要做的事就是：『加強語調跟動作再引導一次！！！』

Do that again & again!!!

直到你得到你要的反應跟回應為止！然後在引導下一個回應！

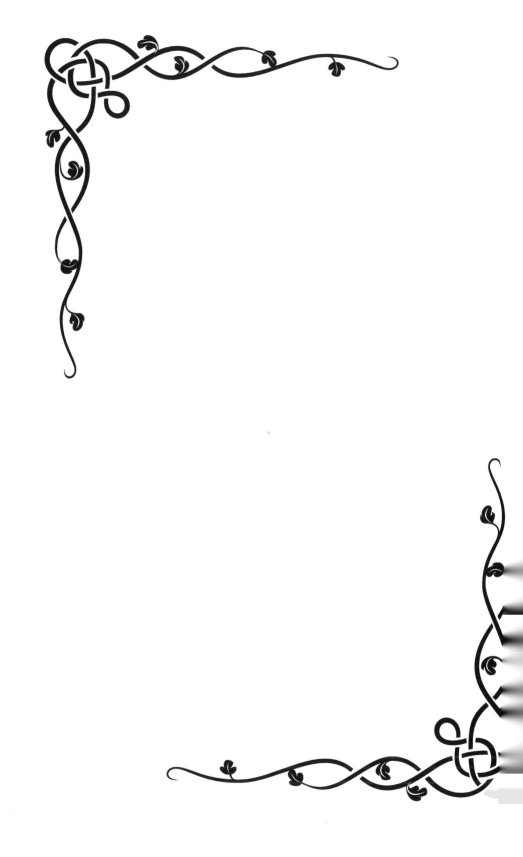

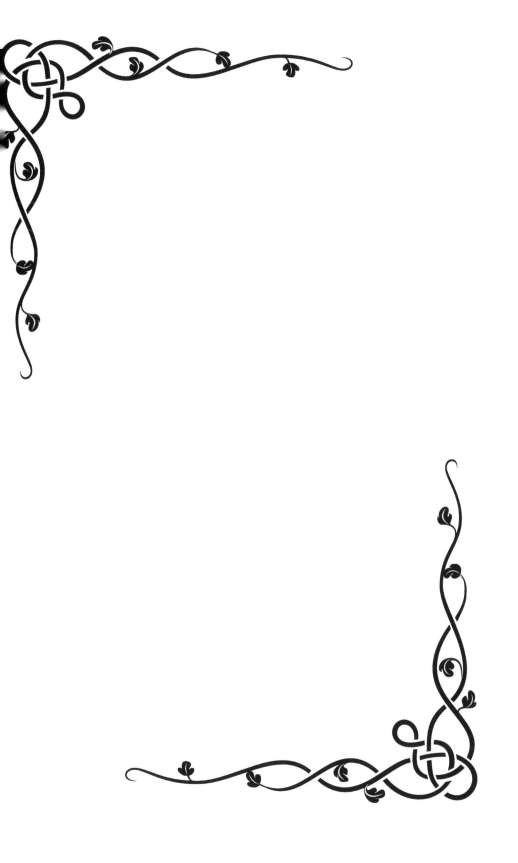

現代人要的溝通是沒包裝的直接

在資訊隨手可得的現代，消費者跟民眾想聽的已經不是包裝美化後的語言！

我們從全世界近期幾個知名的政治或企業領導人身上就可以發現，講話越直接，就越貼近民眾的心，而就容易有更高的支持度。而相反的，當政治人物或各領域的領導人還是沿用過往不斷在包裝或心口不一的表達方式時，跟民眾的距離感就越大，當然影響力就漸漸失去….

而現代銷售行銷也一樣，當你能越直接的用消費者平常生活的對話語言，向對方傳達你的商品好處跟價值時，你就會更容易被顧客接受而成交。

如果現在你的銷售事業還在著重商品解釋跟包裝話術，那你該好好練習用一般人真實的生活語言跟顧客溝通了。

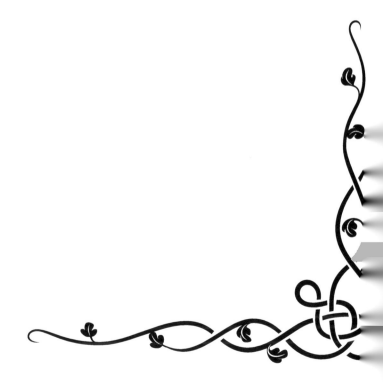

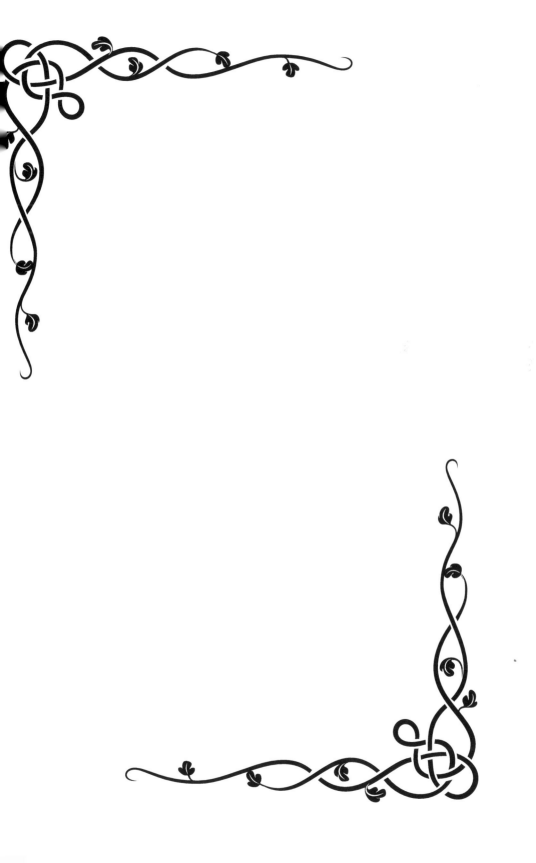

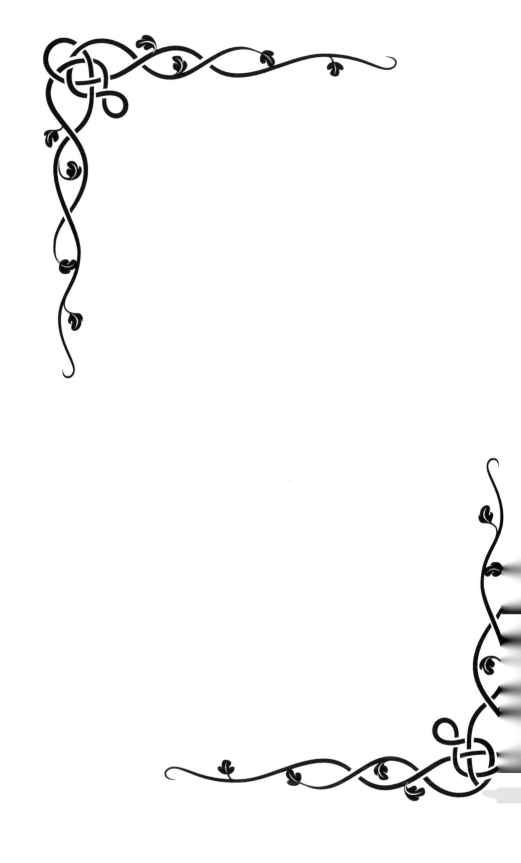

人生事業快永遠不如穩！

事業、賺錢、健康、生活都一樣：
1.”快”不如『穩』！
2.”一次很多”不如『每次增加』！
3.“多樣轉換”不如『一樣持續』！
4.“表面包裝”不如『內在踏實』！

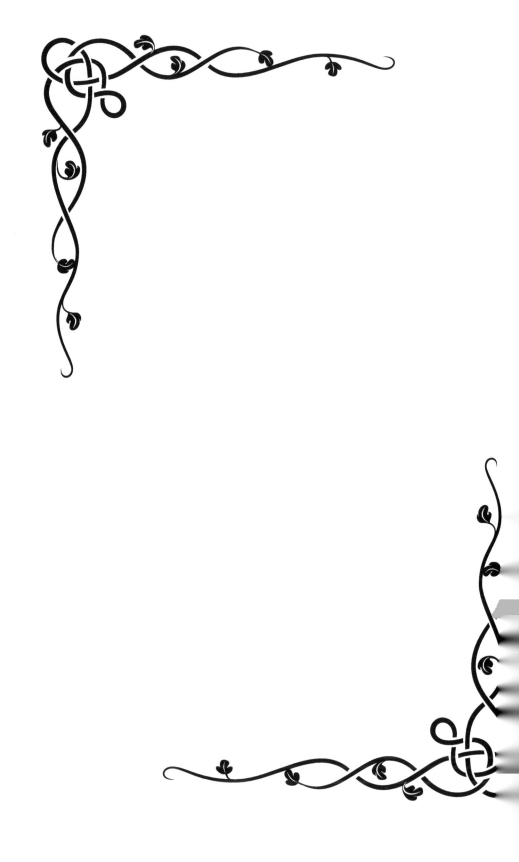

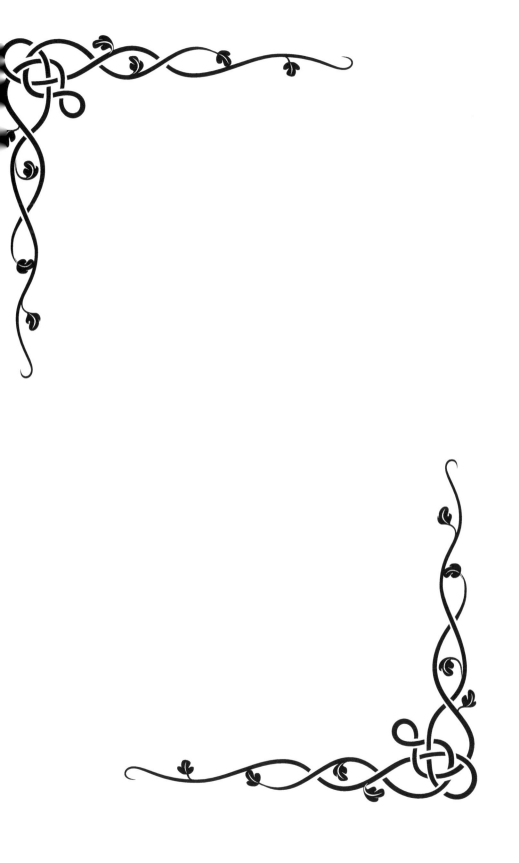

<u>行銷演講的成交是一種不斷鋪排而來的結果！</u>

行銷演講成交的重點在於速度！熱情！激情！跟自然流暢的成交步驟！

所以成交的氛圍的創造永遠都只來自一個人就是講師！

而講師不是最後面才想辦法成交，而是一開始出場自我介紹就在成交了！

如果你現在還認為行銷銷售成交是最後面才要做的事，那你必然會很容易對你的銷售結果感到失望。

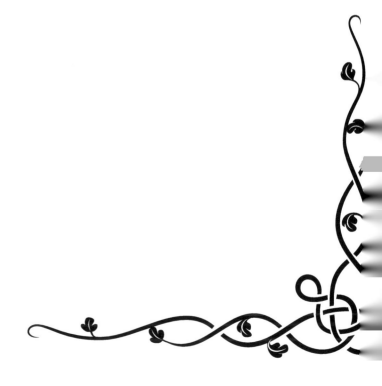

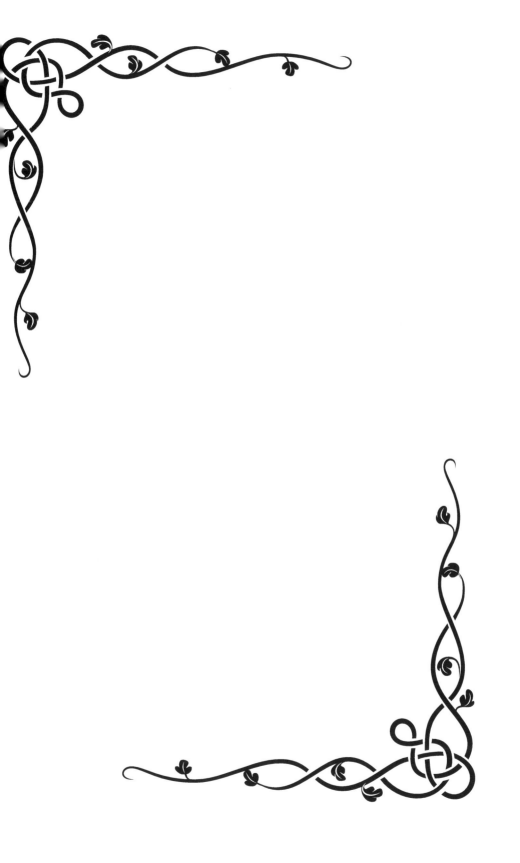

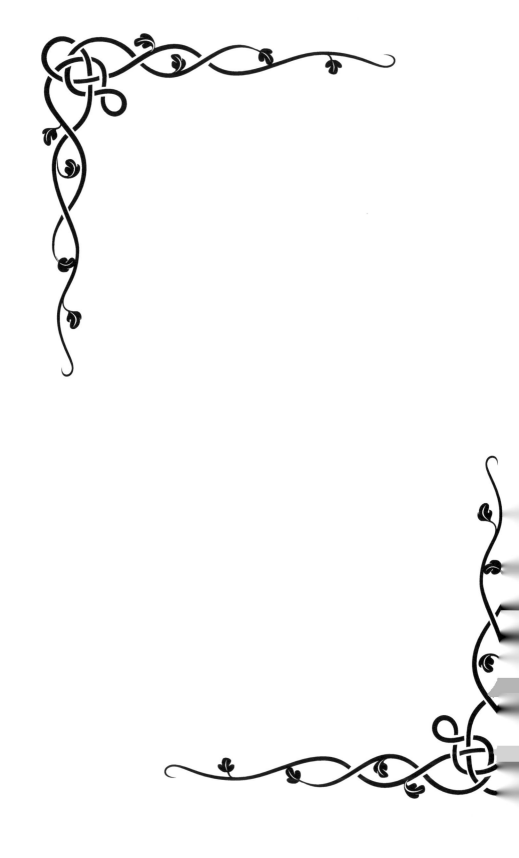

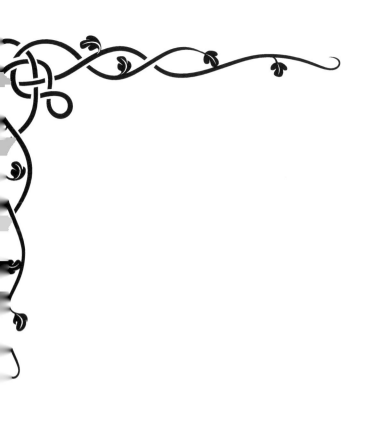

<u>問題是對方該先思考的，不是你該先思考的</u>

善於銷售溝通的高手，都懂得隨時把問題，重新丟還給發問的對方去思考。

而銷售溝通能力一般的人，都習慣直接回答對方的問題，然後問題沒完沒了。

你對於溝通情境的掌控能力，多數取決於你對溝通對象的引導能力！

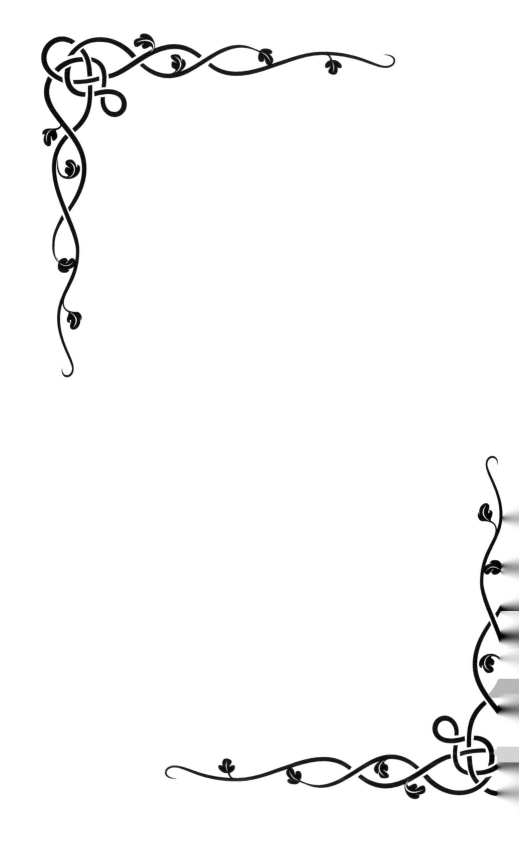

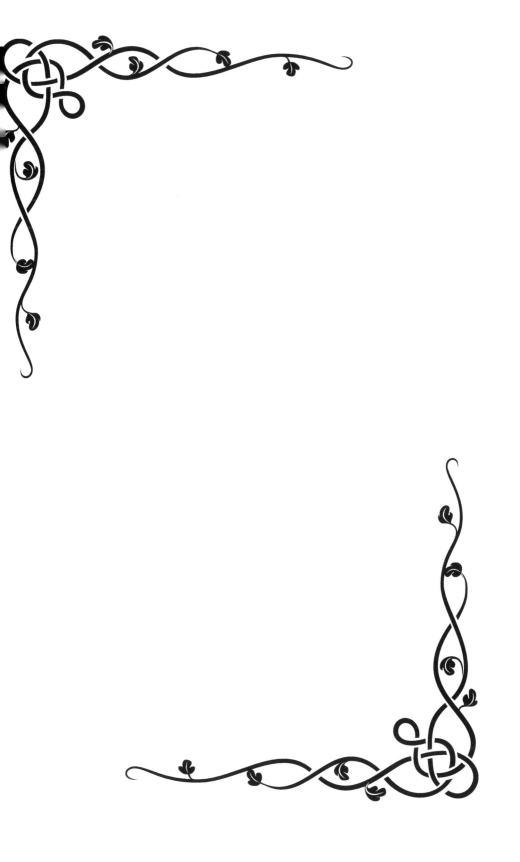

你掌控現場 OR 被現場掌控

一個頂尖的行銷演講講師，他會掌控現場以及引導聽衆，他會在任何情況下把演講會場，變成他想要的氛圍。

而一個能力還不夠的行銷演講講師，他則會被演講現場掌控，他被聽衆帶著走，更無法創造他要的氛圍。

如果你想提升行銷演講現場成交率，那你現在該好好提升你掌控現場，臨危不亂的能力了！

個人魅力有內外在兩種

- 魅力有內外在兩種 -

外表好看是一種外在魅力，但會隨時間持續遞減。

獨立自主、不斷學習、熱愛助人是一種內在魅力，它會隨時間更加吸引人！

如果可以選擇我會兩個都要，但如果只能選一個，我會選加強內在魅力，因為它會隨時間讓我外在魅力更加凸顯！那你呢？

事業一開始的重點不是你工時多長，是你的方式多有效率！

健身一開始的重點不是你能舉多重，是你的動作多正確！
事業一開始的重點不是你工時多長，是你的方式多有效率！
人生一輩子的重點不是你有多少錢，是你的心有多快樂！

溝通 = 銷售 = 生活品質

溝通成功：建立在讓對方採取你要他採取的行動。

銷售成功：建立在讓對方採取你要他採取的購買行動。

所以我們可以 100% 說：溝通 = 銷售

因此，這世界每個人無時無刻都在溝通，也都在銷售！

溝通能力越好 = 銷售能力越好 = 生活品質越好

因此我的朋友，如果你到現在還認為你不是做生意或從事銷售行銷工作，所以你不必學銷售的話，那你這輩子虧可吃大了

因為，每個人一輩子最重要要賣出去的東西就是『自己』阿！

『講』都是現況，有效的去『做』才是你要的未來！

『講』都是現況，有效的去『做』才是你要的未來！

別整天告訴別人你有什麼夢想跟計畫，你需要的是去做出那個夢想跟計畫，別人就會看到跟相信了！

你的人生，跟別人的信任，是『做』出來的！不是"講"出來的。

人生往往是你發現錢不能帶給你快樂時，
你才會真正找到自己的使命及目標！

『人生往往是你發現錢不能帶給你快樂時，你
才會真正找到自己的使命及目標！』

所以你能越快讓自己不為錢而工作及生活，你
就越快找到人生的使命跟真正的喜樂！

而要做到這件事，你現在該做些什麼？

把銷售行銷變成一種遊戲！

銷售行銷，如果你可以把跟顧客之間的各種互動，變成一種遊戲的模式跟心態在進行。

你就更容易讓顧客受到啓發，同時在比較沒有壓力的氛圍下採取購買行動！

銷售行銷成績收入要好，要玩它，不要做它！

Enjoy your closing!

<u>這世界批評很多，實際有效的建議卻非常少</u>

批評只在單純陳述一個人事物不好，有效的建議卻在讓它們變的更好！

世界會進步需要的實際有效的作法，而不需要無謂的謾罵批評。

你對自己跟他人也一樣，無須批判自己或他人，只要不斷尋求有效的建議然後實際去做，

任何人包含你自己都可以擁有比現在更好的生活！

習慣等待＝習慣拖延＝習慣失敗

常聽到有人會說：" 等我準備好了、賺到錢了、或做到什麼了⋯. 我就一定會去怎樣。"結果就我這十幾年來觀察發現，習慣這樣對自己跟他人說的人，通常生活現況都不太如意。

而也因為他生活現況不夠好，他就覺得自己缺乏，然後就更繼續對自己跟他人說：" 等我有一天準備好了，我就會怎樣了。"就此陷入無限墜落的漩渦，生活怎樣上都上不來！卻又覺得自己只是還沒準備好⋯⋯

如果一個人很長一段時間都活的不如意，那代表他的思維跟作為造就了他的不如意。而維持同樣的思維跟作為卻希望自己有一天會準備好變的不一樣，這豈非緣木求魚。

所以一個人生活的改變至少要能學會

1. 克服自身微不足道的恐懼！

2. 做決定就貫徹到底不隨時退縮的信念！

3. 不斷學習新知識跟上社會脈動的習慣！

習慣被自己的恐懼打敗、習慣做決定後放棄、習慣維持現狀不學習，這都會只讓人得到一件事叫：『不如意的失敗人生！』

你習慣選擇有效？還是省錢？

人生中有效的做一件事它永遠是免費的，因為你一輩子多賺的錢跟省下的時間，都遠遠超過你一開始付出的時間跟金錢了！

那相反的來說，人生無效的做一件事那怕花 1 塊都嫌貴，因為浪費時間浪費體力，而時間就是上帝給人一輩子最有價值而且沒得換的最大禮物！

所以你是屬於會為了省錢而不一定要追求有效做事的人？

還是你是屬於想盡辦法學習用最短的時間有效做事的呢？

這答案很重要！

做演講或會議簡報你一定要注意 .....

演講簡報

對講者而言是『內容提示』

對聽衆而言是『傳達重點』

所以簡報內容要能簡潔、精確、有層次的標題敘述

而非一股腦地把講師要講內容卻都打在簡報上，或文字精簡到聽衆看不懂。

演講或會議報告的最終目標在於，『講者能清楚傳能達，聽衆能清楚吸收，進而採取一致共識的行動！』

銷售溝通中的『贊成』有 2 種

1. 前面佯裝贊成對方，但後面立即反駁。

EX：我覺得你講的很好，但是……如果….

2. 一樣贊成對方，然後把對方跟你的論點結合，延伸出你跟他目標一致的彼此贊成！

EX：我覺得你講的很好，而我的想法也完全跟你一致，就是希望透過這作法讓你能更好！

你覺得那種贊成會讓你溝通順利點？

你無法讓顧客接受你都不接受的價格

如果你覺得你自己你賣的東西貴，那代表你自己跟別人買一樣價格的東西，你也會覺得貴。

如果你自己都接受不了的價格，你怎麼期望你吸引的顧客會輕鬆接受？

所以你這時你有 2 個選擇改變這狀況：

1. 覺得自己的東西沒那價值，所以降價或退費，然後讓顧客更沒信心。

2. 提昇自己產品的內容，加強自我價值的認知，然後堅定的幫助顧客做決定來改變人生！

生意要做大你覺得你該選 1 還是 2 ？

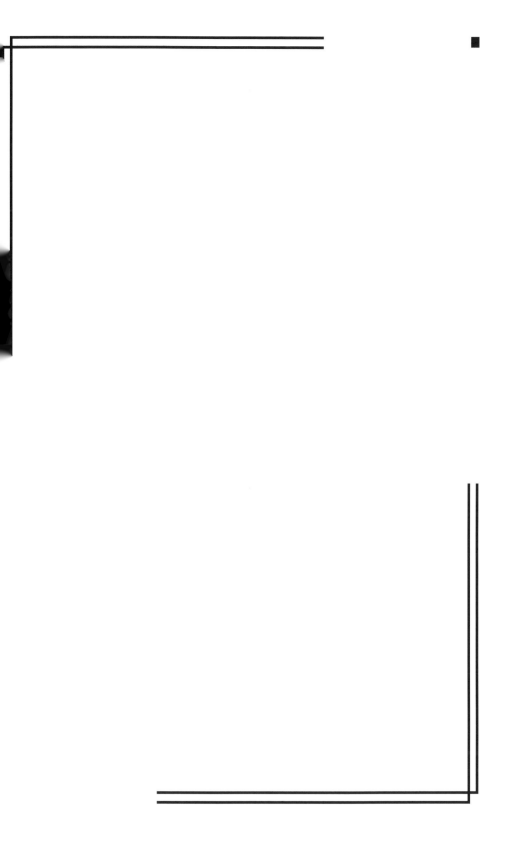

極度富有的成功者都懂得把別人的變自己的

這世界事業體系龐大的領導者都懂得

把別人的時間變自己的時間！

把別人的專業變自己的專業！

把別人的智慧變自己的智慧！

把別人的團隊變自己的團隊！

當然前提是，這些極度成功的領導者都是非常樂於先分享自身好處跟協助他人的人！

大富人很愛讓別人靠也靠別人、小富人很愛靠自己、窮人既沒人讓他靠也靠不住自己。

成交永遠是一種跟顧客生活深度的連結

銷售行銷，你說好不叫好，顧客說好才叫好！

產品或服務的價值是由顧客認定的！不是你或公司認定的。

所以你越能『習慣讓顧客跟你說好』，你就越容易讓顧客採取你建議的行動。

而你越從顧客生活的角度去思考，你越能讓他自然的跟你說好。

『成交永遠是一種跟顧客生活深度的連結』！

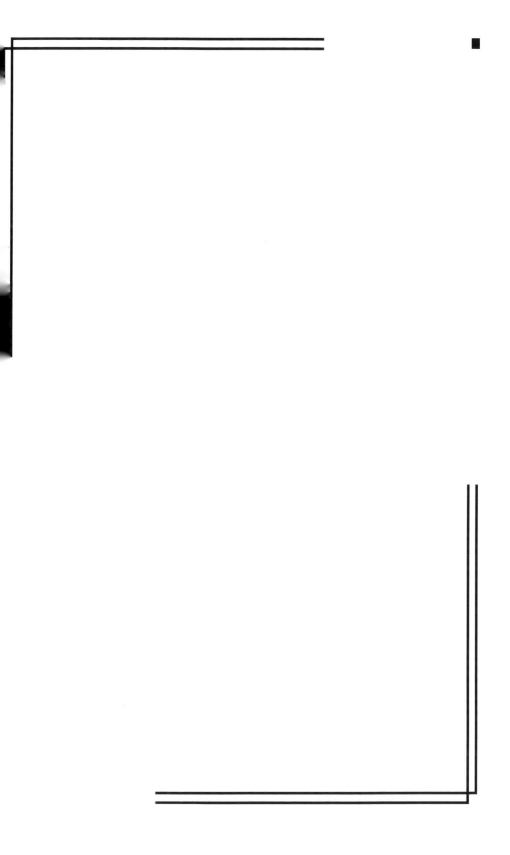

人生成功者與失敗者唯一的分水嶺 ......

如果你說你現在不成功是因為年紀，

如果你說你現在沒有錢是因為沒錢，

如果你說你現在不快樂是因為別人，

那你人生的總結就會是以上的總和叫『失敗』！

找藉口不行動。跟找方法去行動！

這就是人生成功者與失敗者唯一的分水嶺！

有效的溝通就是見人說人話，見鬼說鬼話！

銷售溝通你要能以對方的背景、屬性、個性、經濟狀況等個人的現況，來談你要講的內容，你就會更容易用更短的時間談到對方想聽的重點。

相反的說，如果你總是把公司或主管教的說明方式，相同對每個人都講一遍，那你可能會話講的很多、很累，但對方卻無法專注也容易失去興趣。

見人說人話，見鬼說鬼話這個俚語，用在哪個時代都通用的 ^^

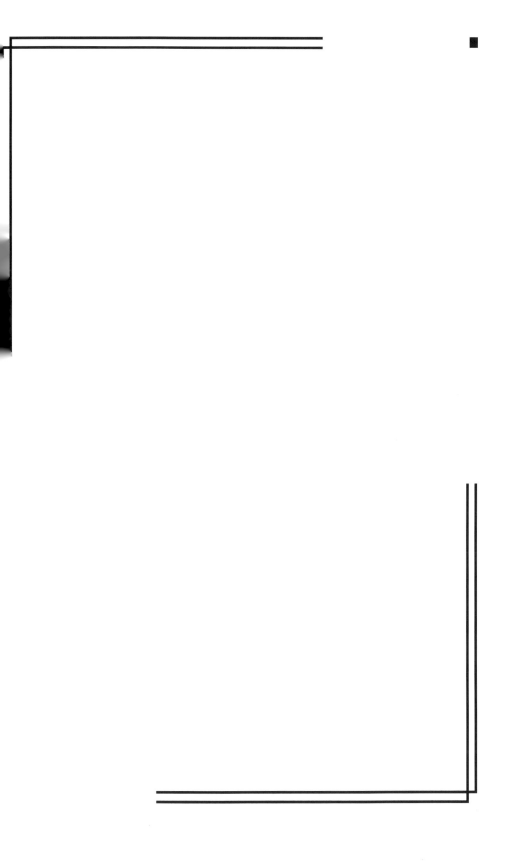

<u>用一成不變的現在看未來，你會看到的是恐懼！</u>

用一成不變的現在看未來，你會看到的是恐懼！
用正在學習改變的現在看未來，你會看到的是盼望！
恐懼跟盼望只取決於你對自己怠惰人性的挑戰！

別人懂不懂跟贊成你所講的，才是溝通的核心！

銷售溝通的重點不在於你清楚明白你自己在講什麼。因為這是必然的廢話 ^^

銷售溝通有效性的重點在於『你能讓聽話對方完全清楚明白你在講什麼，並願意採取行動！』

別人懂不懂跟贊成你所講的，才是溝通的核心！

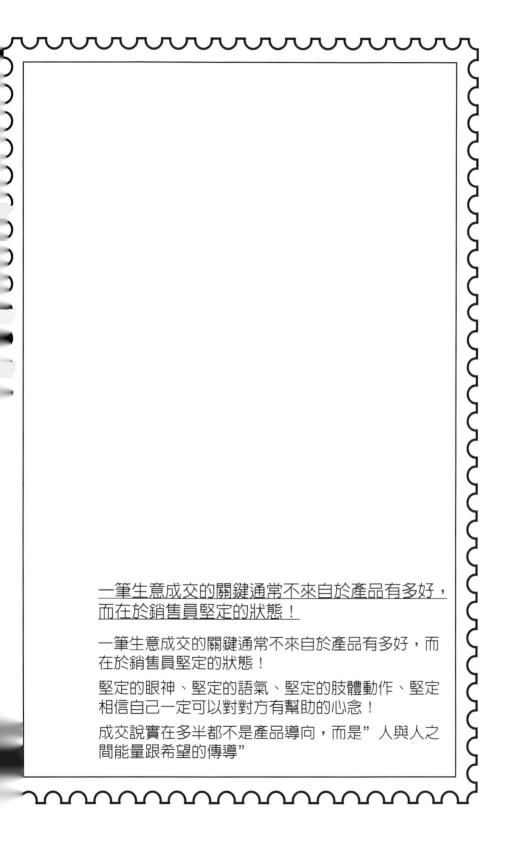

<u>一筆生意成交的關鍵通常不來自於產品有多好，
而在於銷售員堅定的狀態！</u>

一筆生意成交的關鍵通常不來自於產品有多好，而
在於銷售員堅定的狀態！

堅定的眼神、堅定的語氣、堅定的肢體動作、堅定
相信自己一定可以對對方有幫助的心念！

成交說實在多半都不是產品導向，而是"人與人之
間能量跟希望的傳導"

<u>人生最大的問題不是發現有問題。是不知道哪裡有問題！</u>

『『人生最大的問題不是發現有問題。是根本不知道哪裡有問題！』

如果現在你的人生你覺得過的並不滿意，但你認為你沒有問題。

那這就是最大的問題了！！！

當一個人開始為他的不順遂找理由時，他的人生就已注定向下沈淪！

『當一個人開始為他的不順遂，找他自認合理的理由時，他的人生在那刻就已注定向下沈淪！』

把責任推給別人你心裡會輕鬆，但你生活會很辛苦！

把責任全然承擔你心裡會有壓力，但你生活會越來越輕鬆！

<u>文字訊息往往容易造成溝通謬誤 ......</u>

文字最大的問題是它沒有『語調』跟『表情』。

而語調、眼神跟表情卻是人類在接收訊息時最重要的判別來源。

所以如果你是個依賴打字做為主要溝通方式的人,你可能必須常常承受被對方誤會你意思的風險。

因此,善於溝通的人必然知道,

1. 重要的事當面或電話說。因為有聲音跟表情。

2. 文字訊息只用來重複確認已有的共識,或告知簡單資訊。

3. 絕對不用訊息來『確認訂單』或某種『需要採取重要行動的共識』。

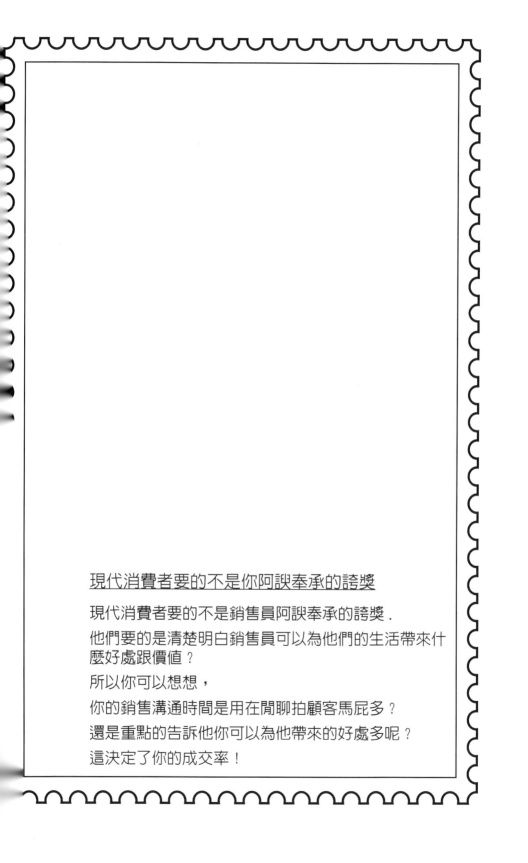

現代消費者要的不是你阿諛奉承的誇獎

現代消費者要的不是銷售員阿諛奉承的誇獎.

他們要的是清楚明白銷售員可以為他們的生活帶來什麼好處跟價值？

所以你可以想想，

你的銷售溝通時間是用在閒聊拍顧客馬屁多？

還是重點的告訴他你可以為他帶來的好處多呢？

這決定了你的成交率！

現代成交 6 步驟：

1. 引發興趣
2. 瞭解動機
3. 刺激慾望
4. 降低負擔
5. 放大好處
6. 勇於邀請

成交的重點永遠在『明確的動機』＋『強烈的慾望』！

Made in the USA
Monee, IL
30 September 2022

14662003R00059